SILVESTER MISCHEN WIR IHM IMMER KONFETTI UNTER SEIN FRESSEN ...

Uli Stein

PROST NEUJAHR!

LAPPAN

HABT IHR EIGENTLICH SCHON GUTE VORSÄTZE FÜRS NEUE JAHR?
ÄHHH... NEIN ...
NA PRIMA! HIER SIND FÜR JEDEN DREISSIG ZUR AUSWAHL!

WENN DU MICH FRAGST – „NEIN" WAR EIN FEHLER!

FÜR GANZ VORSICHTIGE!
Sicherheitsknallfrösche
mit 50 Meter Zündschnur

WEGWERFEN!
WEGWERFEN!
ICH VERSUCHS JA!

DAS WAR JA VIELLEICHT MAL EIN BESCHISSENES JAHR ...
WEM SAGEN SIE DAS ...

ICH WERDE MICH IM NEUEN JAHR MEHR UM UNSERE KINDER KÜMMERN ...
ABER WIR HABEN DOCH NOCH GAR KEINE KINDER?
EBEN!

IM GESCHÄFT HABEN SIE GESAGT, ES SEI EINE SCHERZ-ZIGARRE. WARUM SCHMUNZELST DU NICHT?

GUTE NACHRICHT:
SIE WERDEN IM NEUEN JAHR
DIE FRAU IHRER TRÄUME
TREFFEN!
Al Cooper
Kunstschütze

ICH HABE SILVESTER DIENST – HABEN SIE DIE NASE AUCH IN BLAU?
PO

WIR BASTELN UNS EINE KONFETTIBOMBE

Mit ein paar wenigen Handgriffen *können Sie sich eine super Konfettibombe selber herstellen. Alles was* ***Sie brauchen, sind ein alter Wecker, zwei Luftballons, zwei Stecknadeln, Tesa und natürlich Konfetti.***

Schrauben Sie zuerst *das Läutewerk ab und befestigen stattdessen die beiden Stecknadeln mit etwas Klebeband. Anschließend befüllen Sie die Ballons mit Konfetti, blasen sie auf und verknoten sie sorgfältig.* ***Wenn Sie jetzt die Ballons*** *links und rechts auf dem Gehäuse anbringen und den Wecker auf Mitternacht stellen, steht einem guten Rutsch ins neue Jahr nichts mehr im Wege.*

GESTERN HAST DU MICH NOCH GELOBT, DASS ICH EIN TISCHFEUERWERK ZUM SCHNÄPPCHENPREIS GEFUNDEN HABE...

FINGER WEG ...

... von australischen Böllern: Große Verletzungsgefahr, wenn sie nach dem Wegwerfen wieder zurückkommen!

Ihr guter Vorsatz fürs neue Jahr ist:

Mehr Bewegung?

NA BITTE – DAS WAR DOCH SCHON MAL EIN GUTER ANFANG!

DAS LETZTE JAHR SO EINIGERMASSEN RUMGEKRIEGT?
NA JA, GEHT SO. UNGEFÄHR SIEBEN BIS ACHT FLASCHEN ...

MEIN HOROSKOP SAGT FÜRS NEUE JAHR: ERFÜLLUNG IN LIEBE UND PARTNERSCHAFT ...
ACH?
KENN ICH DEN KERL?

IST ES EIGENTLICH ERLAUBT,
KNALLERBSEN IM BRIEF ZU VERSCHICKEN?
M
H

JETZT AM KIOSK:
die neue
ZIGARETTENMARKE
für alle, die im neuen Jahr
NICHT MEHR
rauchen wollen!
20 CIGARETTES
NICHT MEHR
CIGARETTES

WO SIE GERADE DA SIND – HABEN SIE ERFAHRUNG IM BASTELN VON FEUERWERKS-KÖRPERN?

UNSER SERVICE: AUF WUNSCH KRIEGEN SIE DIE VORAUSSAGE AUCH AUSGEDRUCKT ...

NEIN – ICH HABE KEINE STREICHHÖLZER. UND IHR NEHMT DAS SOFORT WIEDER AUS PAPAS OHREN HERAUS!

SCHON WIEDER SIEBEN JAHRE VORBEI! KAUM ZU GLAUBEN, WIE DIE ZEIT VERGEHT!

ALSO RAUS MIT DER SPRACHE: WER HAT DEN KNALLFROSCH IN DEN TOASTER GESTECKT?

ICH SEH EIN SAUMÄSSIGES JAHR AUF SIE ZUKOMMEN ...
KLASSE!

SO GEHTS DOCH AUCH!

Konfetti gehört nun mal zu Silvester dazu – wenn nur nicht hinterher das lästige Saubermachen wäre! Die gute Idee: Sie fädeln das Konfetti unauffällig auf, bevor Sie es in der Wohnung verteilen. Dann lässt es sich am Neujahrsmorgen ganz einfach aufwickeln.

SOSO – DEIN HOROSKOP SAGT,
WIR HABEN IM NÄCHSTEN JAHR GELD WIE HEU!
HAST DU MAL DARÜBER NACHGEDACHT,
WIE VIEL HEU WIR HABEN?

AUF DER PACKUNG STAND NUR „ÜBERRASCHUNGS-FEUERWERK" ...

DAS NÄCHSTE JAHR IST DOCH NICHT ETWA EIN SCHALTJAHR?
NEIN, DAS IST ERST WIEDER IN DREI JAHREN ...
NA GOTT SEI DANK ...
ICH HAB MICH SO AN DIE AUTOMATIK GEWÖHNT!

IHRE
ZUKUNFT
Ab 5,- €
50,-
20,-
10,-
5,-

MÜLLERS VON GEGENÜBER HABEN DIESES JAHR SCHON WIEDER DICKERE BÖLLER ALS WIR ...
WART' ERST MAL AB ...

HAT DIE FORM VON MALLORCA ...
EHER EINE KARTOFFEL?
EINDEUTIG EIN TUMOR ...
BLEI
SIEHT AUS WIE EIN FAHRRAD!
ODER EINE KATZE!
MEHR WIE EIN TUMOR ...
BLEI

Warum Chirurgen so selten
zum Bleigießen eingeladen werden!

WIR SIND AM NEUJAHRSMORGEN ZUM KATERFRÜHSTÜCK EINGELADEN ...
OH WIE NETT! VON WEM?
VOM KATER!

WENN SIE AN NEUJAHR ...

... keinen dicken Kopf haben wollen, sollten Sie um minderwertigen Sekt einen großen Bogen machen.

Sie erkennen ihn schon am Verschluss!

ZUM LETZTEN MAL: DU ZÜNDEST DAS DING IM GARTEN ODER GAR NICHT!

SIE WERDEN IM NÄCHSTEN JAHR SECHS RICHTIGE IM LOTTO HABEN ...
IST DAS WAHR!?
JA! ZWEI IM FEBRUAR ...
ZWEI IM JUNI ...
UND DIE ANDEREN ZWEI IM OKTOBER!

SPASS MUSS SEIN!

Was wäre eine Silvesterparty ohne Scherzartikel wie diesem: Schaut aus, wie eine **Scherz-Zigarre** mit einem vorgetäuschten Brandloch. Sieht man aber ein zweites Mal hin, stellt man fest: Es ist eine echte Zigarre, und auch das Brandloch auf der Auslegeware ist echt! Immer ein Riesenspaß für alle Gäste – na, zumindest für fast alle ...

***Unglaubliches Staunen** bei den Partygästen erzeugt dieser geniale **Scherz-Zuckerwürfel:** Gibt man ihn in den Kaffee, löst er sich im Handumdrehen auf und bleibt für immer verschwunden! Wie das funktioniert? Wir wissen es, aber verraten natürlich nichts.*

NA DANN – PROST NEUJAHR! UND DASS DU IM NEUEN JAHR NICHT MEHR SO VIEL PECH HAST WIE IM LETZTEN ...

KLIRR!

FÜRS NEUE JAHR WÜNSCHE ICH MIR, DASS DU MIR NICHT STÄNDIG WIDERSPRICHST UND NICHT MEHR SO FLUCHST ...
TU ICH DOCH GAR NICHT, VERDAMMT NOCH MAL!

NA DANN – AUF EIN
VERFOLGREICHES NEUES JAHR!

IRGENDWIE AUCH MERKWÜRDIG ...

... dass ein **vierblättriges Kleeblatt** noch immer zu den gefragtesten Glücksbringern gehört, während ein vierblättriger Salatkopf keines Blickes gewürdigt wird!

OH – EIN NEUES JAHR! ICH GLAUBE ES IST 21...
ACH JA? WELCHES JAHRHUNDERT?

Uli Stein, 1946 geboren, ist der erfolgreichste und bekannteste Cartoonist Deutschlands. Nach dem Abi studierte er Pädagogik, entschied sich aber kurz vor dem Staatsexamen gegen eine Beamtenlaufbahn und begann zu fotografieren und zu schreiben. Seine Nonsens- und Satiretexte bescherten ihm eine eigene Sendung beim Saarländischen Rundfunk, bevor er eher nebenbei entdeckte, dass er die Pointen seiner komischen Einfälle mit dem Zeichenstift schneller auf den Punkt bringen konnte als mit vielen Worten. So entstanden seine ersten Cartoons, deren Figuren im Laufe der Jahre zu den unverwechselbaren Charakteren wurden, die heute Millionen Menschen kennen und lieben. Seine Cartoons erschienen zuerst in Zeitungen und Zeitschriften, danach in Büchern und auf zahlreichen Produkten. Allein im deutschsprachigen Raum sind mehr als 13 Millionen Cartoonbücher von Uli Stein verkauft worden. Viele der Bücher, die nicht selten in den Bestsellerlisten zu finden sind, sind in andere Sprachen, bis hin zu Chinesisch und Koreanisch, übersetzt worden. Uli Stein lebt und arbeitet in der Nähe von Hannover.

1. Auflage 2020

ISBN 978-3-8303-4501-5

Umschlag- und Innenillustrationen: Uli Stein
Lektorat: Dieter Schwalm
Herstellung und Gestaltung: Ulrike Boekhoff
Druck und Bindung: Livonia Print
Printed in Latvia

Triff uns auf facebook.com/lappanverlag
und auf instagram.com/lappanverlag
www.lappan.de

Uli Stein im Internet: www.ulistein.de

MIX
Papier aus verantwortungsvollen Quellen
FSC® C002795
FSC www.fsc.org

IST KRIEG?!?